# The Banes o the Turas

*An owersettin in Scots o the poems
bi Pino Mereu scrievit in
tribute tae Hamish Henderson*

Jim Mackintosh

TIPPERMUIR
· BOOKS LIMITED ·

This first edition published and copyright 2022 by Tippermuir Books Ltd, Perth, Scotland.

mail@tippermuirbooks.co.uk – www.tippermuirbooks.co.uk.

ISBN 978-1-913836-31-3 (paperback).

A CIP catalogue record for this book is available from the British Library.

Project coordination and editorial by Dr Paul S Philippou.
Cover design by Matthew Mackie.
Italian translation and support: Ruggero Frezza.

Text design, layout, and artwork by Bernard Chandler [graffik].
Text set in Sabon Roman LT Std 9.5/15pt with Sabon Bold titling.

Printed and bound by CPI Group (UK) Ltd, Croydon, CRO 4YY.

The publisher acknowledges receipt of the Scottish Government's Scots Language Publication Grant towards this publication.

# Other Poetry and Poetry Included Titles by Tippermuir Books

*Walking with Ghosts* (Alan Laing, 2017)

*Flipstones* (Jim Mackintosh, 2018)

*A Little Book of Carol's* (Carol Page, 2018)

*A Squatter o Bairnrhymes* (Stuart Paterson, 2020)

*The Nicht Afore Christmas* (Irene McFarlane and Rosemary Cunningham, 2020)

*In a Sma Room Songbook: From the Poems by William Soutar* (Debra Salem (ed), 2020)

*Beyond the Swelkie: A Collection of poems & Writings to Mark the Centenary of George Mackay Brown (1921–1996)* (Jim Mackintosh and Paul S Philippou (editors), 2021)

*Golf Memories* (Billy Dettlaff, Paul S Philippou, Jim Mackintosh & Lorraine Young (eds), 2022)

*Perthshire 101* (Andy Jackson (ed), 2022)

## Forthcoming

*William Soutar: Collected Poetry, Volume I and II (Published Work)* (Kirsteen McCue, Pip Osmond-Williams and Paul S Philippou (eds), 2023)

*William Soutar: Collected Poetry, Volume III (Minor and Unpublished Work)* (Kirsteen McCue, Pip Osmond-Williams and Paul S Philippou (eds), 2024)

# About the Author

Jim Mackintosh is a poet, editor and producer based in Perthshire. He has published six collections of poetry, the latest of which is *Flipstones* (Tippermuir Books, 2018). He has also edited or co-edited four anthologies including *The Darg* (Drunk Muse Press, 2019) – contemporary poems celebrating the centenary of Hamish Henderson – and the critically acclaimed *Beyond The Swelkie* (Tippermuir Books, 2021), a celebration in poems and essays to mark the centenary of George Mackay Brown which he co-edited with Paul S Philippou.

He has undertaken several residencies including for St Johnstone FC between 2016 and 2019. He was the Makar of the Federation of Writers Scotland in 2021, the Poet in Chief of the Hampden Collection (2019–22) and the Poetry Editor of *Nutmeg Magazine* (2017–22). He is the current Makar of the Cateran EcoMuseum in East Perthshire and the Angus Glens.

Jim was one of the creators of the Hamish Matters Festival in Blairgowrie, which aims to celebrate the life and legacy of Hamish Henderson who was born in the town. In 2019, he programme-managed the Centenary Festival and participated in several events over that year celebrating Hamish's centenary.

*The Banes o the Turas* is a poetical translation of and engagement with *Turas Viaggio*, by the Italian poet, composer, musician, folklorist and friend of Hamish Henderson, Pino Mereu. *Turas Viaggio* is a portrait of that friendship and Mereu's visits to Scotland. *The Banes o the Turas*, in keeping with the traditions championed by both men, is a poetical *owersettin* in Scots.

'As someone who sat mesmerised by Hamish Henderson's lectures at the School of Scottish Studies, who travelled with him to Padstow and who sings 'The Freedom Come All Ye' and 'The 51st (Highland) Divisions Farewell to Sicily' [Banks o Sicily] with heart and soul, these poems by Pino Mereu, vividly owerset by Jim Mackintosh into Scots, come as a total revelation. They are testimony to Hamish's European vision and global reach.'

*Billy Kay*
Writer, Broadcaster and
Author of *Scots: The Mither Tongue*

'Poetry, learning, fellowship, human courage, Italy, Scotland – love – all the things Hamish Henderson loved most are to be found in this big poem of a book. Written in Scots – out of Italian – it gives freshness, mystery, and a strange authority to one of the essential stories of modern Scotland. Pino Mereu and Jim Mackintosh have created poetry that lives – one with the great spirit Hamish was.'

*Timothy Neat* FASLS HRSA
Art Historian, Film Maker
and Author of *Hamish Henderson: A Biography*

'Pino and I knew each other by reputation long before we met. For me, Pino was the poet who kept the Hamish Henderson faith in Italy. For Pino, I was the Scottish guy who had made a film about Gramsci. No surprise then that, when Robbie Fraser had us both in Edinburgh in 2016 to take part in his fine documentary about Hamish, we immediately hit it off together. The following day I took him and Tim Neat on a pilgrimage to Hamish's childhood home at Spittal of Glenshee. Modest and unassuming yet deeply committed, Pino took a lot from that visit, and he refers to it in this Turas Viaggio collection that Jim Mackintosh has so ably rendered into Scots.'

*Douglas Eadie*, Writer and Documentary Film Producer

*Pino Mereu's wirds, owerset in Jim Mackintosh's braw braid Scots, lat us keek intil anither warld view o Scotland, an illumination o the multilingual, monie layered kintra o "Bardie", Hamish Henderson. The lines loup aff the page wi glints o the strang bonds atween the Partigiani and Perthshire, echoes o oor shared sang cultures, an monie mindins o fowk atween Anzio an Alyth. "Mak a hame in aboot the berries" an dook yersel in this veesion o a European Scotland, an tak in the "beamin glow ayont wirds" whaur the "lad o pairts bides eternal".'*

**Steve Byrne**
Singer, Folklorist and Coordinator of
the Hamish Henderson Archive Project

*With no map to follow, the people we meet on life's journey are our guides. In 1964, Hamish Henderson shone light on my path, then in 1984 introduced me to Pino Mereu, a young poet he met at a crossroads of poetry-song-Italy-Scotland. Eventually, in 2019, the journey led to a landmark where we met Perthshire poet Jim Mackintosh, waiting to welcome us home. Hamish would have loved to be in the company of such kindred spirits, savouring the sounds of Italian and Scots, raising a glass to Pino and Jim.*

**Margaret Bennett**
Professor of Folklore, Singer, Writer and Broadcaster

*These poems, these owresets by Jim Mackintosh of poems by Pino Mereu, with the shades of Hamish Henderson and Antonio Gramsci woven in, are a rich brew of the musical and the political, the human and the aesthetic; the tender consciousness of life rendered in a vibrant modern Scots that any lover of poetry will drink in gladly. There is also a record of struggle in these poems. Not everything that is beautiful grows easily. But mainly there is the green fuse of life, channelling repression and conflict into freedom and justice, as naturally as the Scots makar sets the Sardo of Pino Mereu into his ain leid. The Banes o the Turas is a remarkable achievement; a fluid synthesis of lyricism and passion, life, love and the triumph of the human spirit. A poetry that gives credence to the past and its wars in order to inhabit the future and its peace. A book to treasure and to give. As the makar owresets:*

> *Ah'm in a sang.*
> *Ah'm whit ah wis*
> *– a green bairn, innocent*
> *tae the soond*
> *o music born fae canny wirds.*

**George Gunn**
Poet, Playwright, Writer and Caithness Makar

# Contents

## The Banes o the Turas

# Ringgraziamenti

*In primis, uno speciale ringraziamento Jim Mackintosh per aver dato una nuova vita al mio* Turas *con la sua versione in Scots; a Paul S Philippou e Tippermuir per aver creduto e dato sostegno alla realizzazione del libro; a Ruggero Frezza per la sua traduzione in inglese.*

*Grazie a chi mi ha accompagnato nel viaggio: Margaret Bennett, Tim Neat, Douglas Eadie, Paola Dettori, Lorenzo Teodonio, Alberto Popolla e a tutti coloro con i quali ho condiviso le emozioni visitando i luoghi di questo viaggio.*

*Infine uno speciale ringraziamento a Marisa Di Iorio (Empiria) la mia infaticabile editora che ha creduto subito nel libro e Felicity 'Katzel' Henderson per il suo continuo generoso costante supporto.*

*Dedico* The Banes o the Turas *alla memoria di Amleto Micozzi e Paddy Bort.*

First of all, a special thanks to Jim Mackintosh for giving new life to my *Turas* with his version in Scots; to Paul S Philippou and Tippermuir for believing in and supporting the making of the book; to Ruggero Frezza for its English translation.

Thanks to those who accompanied me on the journey: Margaret Bennett, Tim Neat, Douglas Eadie, Paola Dettori, Lorenzo Teodonio, Alberto Popolla and to all those with whom I shared the emotions by visiting the places of this journey.

Finally, a special thanks to Marisa Di Iorio (Empiria) my indefatigable editor who immediately believed in the book and Felicity 'Katzel' Henderson for her constant generous support.

I dedicate *The Banes o the Turas* to the memory of Amleto Micozzi and Paddy Bort.

*Pino Mereu*

Poet, Scholar of Folk Traditions, Composer and Musician

# Prologue

Poetry is, I believe, the art of giving something personal a universal resonance. Something that the poet has felt and experienced deeply, however fleetingly, is delicately captured and rendered vibrantly and eternally true and meaningful.

By what strange alchemy is this possible? I think it is all about energy. Poetry happens in the moment that the poet surrenders entirely to the experience of the flow of Life (with a capital L!), lets the beauty, grace and truth of that moment unfold freely within – and then faithfully conveys the energetic vibration of the emotions and feelings experienced in that moment. Arguably, the intellect has little or no involvement in this process – it is indeed the spirit that finds us, moves us and guides us.

Moreover, while the intellect divides, the spirit unites – and my dad saw all forms of creativity as a means of transcending earthly division and honouring everything that unites humanity, a celebration of the universal flow of life energy, the eternal 'carrying stream'. Indeed Pino Mereu, the author of these beautiful poems in the original Italian, also observed (at the centenary celebrations for my dad in November 2019) that 'Hamish taught us to search for the spirit in every song or story and he carried on the tradition of continuous, creative fermentation'.

So, for my dad, this applied not only to writing poems and songs, but also to collecting them, adapting them, performing them – and indeed translating them. It was, I think, a wonderfully liberating and enriching approach to both his work and his life (they were one and the same). It was also an empowering, humanist and inclusive approach that transcended national, cultural and religious divides –

and that inspired others such as Pino Mereu, who has for nearly 40 years been supporting and furthering the ideas, principles and causes that my dad embraced.

Returning to the subject of writing poetry, I do not wish for one moment to suggest that it is easy – and translating poetry is far from easy! It requires the translator first to inhabit fully the emotions and feelings of the poet and then conjure up that experience afresh for the reader. Above all, it requires the translator to 'disappear' and become one with the poet's experience – not only as a witness to, but also as a conduit for, that original flow of energy. In short it requires skill, intuitive wisdom – and above all humility.

This is not an undertaking for the faint-hearted! However, Jim Mackintosh has wisely approached it as a poetic *owersettin* rather than a literal translation. This very word in Scots conveys the idea of gently layering one language onto another, in this instance the Scots, 'soaked' in the unique energy of the original Italian. This approach respects and reaffirms everything most dear to my dad. By 'communing', as it were, with the emotions and feelings contained in the original poems, Jim has then written verses in Scots that faithfully capture and convey the energetic experience of the originals so that the poems retain their authentic resonance and power.

As I do not speak Italian, the translated poems are a gift and a revelation. Just as my dad's Elegies are, for me, first and foremost a rousing hymn to life and love, it is clear to me from reading the *Banes o the Turas* that Pino Mereu shares this vision, for they are a testament to his unshakeable faith in the essential goodness, dignity and beauty of the human spirit – and his faith in poetry as a means of liberating and celebrating that spirit.

Pino's pilgrimage spans several decades and countries, but it is ultimately a pilgrimage with no final destination, for the journey is indeed the destination: in any moment where we transcend the limits of earthly duality and feel life unfolding within us – where we feel the very source of life pulsing within us – we have already arrived.

Beneath the earthiness, warmth, vigour and rugged texture of the Scots I sense a sober, restrained sensuousness infusing Pino's verse, quietly unveiling and honouring the sanctity, mystery and transcendent grace that is pulsing in every human breath and every heartbeat; that is woven into every moment and into every experience however ordinary, painful or insignificant, whether it is occurring in the African desert or in the Highlands of Scotland, in Rome or in Edinburgh, on the isle of Barra or Lewis, or on the islands of Sicily or Sardinia.

Thus as I read this sensitive 'owersettin' of Pino's original poems I could hear Jim's rich, generous voice in the foreground, while in the background I could feel the subtle, quietly powerful presence of Pino – and then, like an echo in the distance, perhaps like the pipes that infused the morning air in Sicily in 1943, I could discern my dad's voice, before finally sensing all three voices uniting, merging and then dissolving into the radiant, infinite stillness.

*Janet Henderson*
Daughter of Hamish Henderson,
Lawyer, Historian and Yoga Teacher

# Foreword

*A Spirit of Panoramic Internationalism*

Pino Mereu is something of a polymath – a poet, musician, translator and folklorist – who hails from Sardinia. At the Scottish Poetry Library (SPL) in the late 1980s, I recall how Billy Wolfe, former convenor of the SPL and afterwards Secretary of the Library, would talk of his fondness for Sardinian culture; this was at a time of new awareness, in Scotland, of the lesser-known nations and regions of our Europe.

It was almost like a force of nature that Pino should enjoy his first and subsequent meetings with a fellow polymath, Hamish Henderson (1919–2002), who shared all of Pino's qualities mentioned above. There was also the resonant dimension of Hamish's past experiences of Italy in the part he played in the liberation of that country from fascism and his deep commitment to its language and culture. Pino's account of this friendship in life and comradeship in art can be read in his essay 'Hamish Henderson Among the Partisans' in the book *Borne on the Carrying Stream*, edited by the late Eberhard 'Paddy' Bort and published by Grace Note in 2010.

Pino's *Turas Viaggio*, here rendered by Jim Mackintosh as *Banes o the Turas*, is an elegy for those lost in wartime – both Italians and those young Scottish soldiers who came to their defence – and it will be welcomed by those already familiar with Pino's *Anzio Pipe Band* which had earlier appeared in a Scots version in *At Hame Wi' Freedom* (Grace Note, 2012), another volume in the series of Hamish-related collections edited by Paddy Bort. The present poem is an elegy, yes; even so, a celebration of the joy of human creativity will also be found in the following pages.

Pino Mereu skilfully interweaves the leitmotifs of Hamish Henderson's life and work – and of his own – in this major collection which we are delighted to present in Jim Mackintosh's vigorous Scots version. What variousness is here: a ceilidh at the house of Hamish's close colleague as singer and folklorist, Margaret Bennett; Hamish's love of Pino's native Sardinia, its landscape, its ancient culture, its folk; Antonio Gramsci, the socialist thinker and activist, also from Sardinia, whose writings were translated by Hamish; 'the Berryfields of Blair' (Blairgowrie, Hamish's native airt); the war and the poetry of war ('ballads an / bullets hiv oor nems, an the deil's fearful an aa'); Anzio; a tragic memory associated with Balmerino, the Fife village by the Tay, with its historic abbey; and much more.

All in all, Pino Mereu takes us on poetic journeys back and forth between Italy and Scotland – in a spirit of panoramic internationalism – and there is a deeply meditative point in the sequence where North Africa is evoked, and Hamish's *Elegies for the Dead in Cyrenaica* are echoed. It is fitting, given the generous-minded nature of Pino's and Hamish's sympathies, that a great German-language poet be cited in the poem's 'Karnak' section: Rainer Maria Rilke, whose work was loved by Hamish and whose *Duino* elegies are surely the antecedents of Hamish's own:

> In Rilke's anely wirds at deny destiny
> the synthesis is clair, the stane-mask o Fulfilment.

In his sixth *Duino* elegy, Rilke had invoked the 'mildly hollowed reliefs' on the columns of Karnak, and in a letter to his wife Clara wrote of the site's 'incomprehensible temple-world', which he saw 'under a moon just beginning to wane: […] you pull yourself together and with all your might you try to believe your own focussed eyes – and yet it begins above them, reaches out everywhere, above and beyond them'. Hamish may have known such moments in the North

African desert. Though his worldview differed from that of Rilke, he believed in 'the flyting o' luve and daith'. Rilke, by contrast, affirmed the unity of life and death (an equally compelling vision).

Aside from these metaphysical speculations – and we need them – Pino's *Turas Viaggio* is a celebration of poetry, music and folk for our wantonly uncivilised times and Jim Mackintosh's *owersettin* of that with the *Banes o Turas* renews that celebration.

*Tom Hubbard*
Author, Poet, Editor and
First Librarian of the Scottish Poetry Library

# Preface

*The Banes o the Turas* is a poetical translation – not a direct translation rather a poetical engagement – of a book of poetry by Italian poet, scholar of folk traditions, composer and musician Pino Mereu.

Pino (*b.*1960) has written articles and essays for many Italian magazines. For over twenty years he has published the folk music and culture magazine *Kilmarnock Edition*. He has written several books of poetry: *Lamento per Antonio Gramsci* (2010), *Anzio Pipe Band* (2012) translated into Scots by Tom Hubbard, poet and former librarian of the Scottish Poetry Library, and published in the collection of writings *At Hame Wi' Freedom: Essays on Hamish Henderson and the Scottish Folk Revival* (2012), *Turas* (2016) and *L'antro di Hamish* (2020). He featured in the film 'Hamish, the Movie' (BBC Alba, 2016) directed by Robbie Fraser, and is the founder and organises all the activities of the Hamish Henderson folk club di Roma.

Notably, Pino Mereu is the last survivor of Hamish Henderson's many Italian close friends. Of Sardinian birth, Pino today lives in Rome. He connected with Hamish in the early 1980s having bought Dick Vaughan's 'Kist o Gold' record which contained Hamish's iconic 'The 51st (Highland) Divisions Farewell to Sicily' ['Banks o Sicily']. Pino thought it was the most beautiful folk song he had ever heard and wrote to Hamish who responded with copies of his *Elegies for the Dead in Cyrenaica*, copies of *Chapman* and numerous back issues of *Tocher*. This was the beginning of a life-long friendship.

In 1987, Pino visited Edinburgh and attended the premiere of the film 'Gramsci: Here and Now' (directed by Les Wilson and featuring Hamish Henderson and Stuart Hall) as Hamish's personal guest.

Hamish later returned to Italy whilst filming the biopic 'Journey to a Kingdom' (1993), directed by Timothy Neat, with Pino as his companion to retrace Hamish's wartime journey from North Africa through Italy and eventually to Rome, and his work with the Italian resistance movement.

Pino's collection of poetry is not only a collection of fine poetry it is also an important cultural and historic connection with Hamish Henderson which portrays Pino's close relations with Hamish Henderson, his visits to Scotland, in particular to Blairgowrie, his meetings with Sheila Stewart (traditional storyteller, singer and writer), Margaret Bennet (writer, folklorist, broadcaster and singer) and deserves to be better known by a wider audience beyond its original Italian-speaking one. It is entirely appropriate and in keeping with the traditions that Hamish Henderson championed, and indeed which Pino Mereu continues to champion, to have a poetical translation in Scots of Pino's work.

*Paul S Philippou*
Honorary Research Fellow in History, University of Dundee,
and Director of the 'William Soutar Project'

# Introduction

It was 2019, we were still walking in the perhaps naïve footsteps of our unfettered creativity and afore the world lost itself down the tragic spiral of the Covid bourach. That year had been for many including myself a year of embracing the precious legacy of one of Scotland's most influential figures, Hamish Henderson. It was a hundred years since his birth in Perthshire and the folk who either knew him or were inspired by him, but who collectively understood his significance, had gathered in various celebrations across the months unpicking the continuing relevance of his life. One of those gatherings took place at Cultybraggan near Comrie – a bundle of voices brought together by one of Hamish's contemporaries and herself a hugely significant piece in our cultural jigsaw. Dr Margaret Bennett whom I am honoured to call a friend had created a series of talks with threads of song to celebrate Hamish's centenary. I had contentedly worked my way through all the emotions, tapped many a toe and had a big bairn greet wi the best o fowk but I hadn't prepared myself for the overspill of emotions when Pino Mereu read his poetry in his own voice, the passionate weave of Sardo, the language of his birthplace Sardinia, and the Italian of his present place with its beautiful Rome dialect. And I was certainly not prepared for his reading in the original Italian of Corrado Govoni's 'Lament for the Son', a powerful poetic account of the murder of his son by the Nazis in the Ardeatine massacre. Our collaboration on this is for another day but Pino and I embraced warmly and made a commitment to explore ways to bring his own poetry to a wider audience. We affirmed that commitment with a promise that if I could find a way to translate his words then it would be into Scots. We knew

Hamish would appreciate that. Pino and I parted company with a shared promise, a strengthened bond and I with a generously signed copy of his collection Turas Viaggio. Plans were to be made over the winter, but it wasn't to be because three months later we were all told to go home and stay safe. The creative world including my own wee corner lurched to a devastating stop. What to do?

In the stillness of lockdown hours I had reached for the assured solidity of books and found comfort in their words but in those dark hours creeping into empty days then slow weeks I found space to lift Pino's gift from the shelf, undertake the journey poetically described in *Turas Viaggio* and with my limited grasp of Italian which had rusted badly since its standard grade peak forty-eight years previously, I determined to reconnect with Pino's own journey.

I understood enough from my basic translations of his writings to find common ground and tease out further elements of his own inspirations. I also recognised this was a collection of poetry that spoke of Pino's connections with Hamish Henderson and although not perhaps exposing missing pieces of the Hamish story, was most definitely a perspective from a special friendship and a common-wealth of knowledge that needed to be shared beyond the original.

Of course, Hamish was clearly the strongest thread of influence which Pino and I also shared and the poems within *Turas Viaggio* reference not just him, but people connected to him throughout the poems such as Margaret Bennett, Dolina MacLennan and not least Hamish's wife, Katzel Henderson, to whom Pino dedicated the collection. Moreover, there was the presence in the poems of a fellow son of Sardinia, Antonio (Nino) Gramsci, a figure who had influenced both our studies, but Pino could of course ground his words in the landscapes of his and Gramsci's birthplace and the trials and tribulations of its own chaotic past.

It was not, however, until the funding and publishing stars aligned some months later in 2021 that the potential to properly expose *Turas Viaggio* to the wider world or at least the world insisted on by Pino, one comfortable with the Scots language was realised. With the assistance of the indomitable Paul Philippou at Tippermuir Books without whose inspiration, persistence and not least his understanding of the significance of *Turas Viaggio*, the project to publish a translation would not become a reality.

Here's the crucial point, the key word – translation. The Scots word for such an endeavour is *owersettin* and it fits exactly what needed to be done: literally the over setting, the laying of one language on to the base of another. The translation of poetry is a subject which has been picked over many times and caused much heated debate. It was therefore important from the outset that everyone involved understood this was not to be a literal translation as one might expect translating if the objective was to translate straight into the English language and leave it at that. This would require an extra layering, a poetic translation, an *owersettin*. To ensure my rusty Italian was not to be entirely depended on, the advice of Ruggero Frezza was sought. Ruggero, an Italian based in Perth provided an engaging and carefully considered literal translation of *Turas Viaggio* into English which would be the invaluable platform on which I would begin to build a poetic *owersettin* until it eventually evolved into *The Banes o the Turas*.

Before that however I had hours of research to do. The main function of a translator whether of a novel or in this case poetry is essentially to inhabit the same space as the original author, to get into their mind and attempt to understand their thoughts, appreciate their perspective and explore why they wrote what they did. This can be difficult enough when the author or poet has been dead for centuries but when they are still very much alive and well and living in Rome one becomes very conscious of them sitting at a desk tapping an expectant finger on its edge. To muffle the desk tap, I reread a huge amount of Hamish Henderson's work, his essays and poetry and the biographical writings about him. I also reread Hamish's incredible translations of Gramsci's prison letters and various biographical notes on him. Not satisfied with that I also researched the history of Pino's homeland of Sardinia and tried to understand the land and history that shaped him and his poetry. Only then did I begin to owerset my poetic thoughts and dare to masquerade as a poet born in Sardinia, influenced by its past, by Gramsci, by Henderson and by all the events and relationships that unfolded from his Pino Mereu's life adventure to discover them so beautifully described in *Turas Viaggio*.

I hope that I have captured all of those elements, those banes o the turas and that I have neither betrayed the original work nor produced a flimsy piece of self-indulgence. The tap of the finger on the desk in Rome will perhaps tell all.

*Jim Mackintosh*

# The Banes o the Turas

# Dunira, Comrie

*Margaret Bennett's Hoose*


I    The air o the fiddle brichtens,
hauds the seelence,
a whisperin braith, a tap o wings.
A butterflee seeks distant licht
throu the pane
– a wey oot.

The wind tigs yer face,
dauts yer mou
while wirds drap saft
bi the first spill o the day.

A sang o fairies
in a gowden cove.

Ane vyce –
Floret silva undique
ane screed
ane ruit, ane buik,
ane scrieve

faur fae hame
oan this aesome isle
sinderins o time
bi kist an ken
settin thochts in
atween stane an rose
– diamonds o fierce watter.

Lichtsome oan her taes
in this lanely aventur,
silk slippers oan her feet
– sic a bonny ootcome.

II     Dunira
a hidden queir
ahent the door
flichtin alang monie roads, paths
an aa the tracks o the days o life.

Licht an seelence
blithe oan its bethankit skiff
tummlin doon fae heiven

*Stabat Mater*

the leigend o the unicorn
wi nae hame–comin,
bruckle greements
in the snell blast o a
yowdendrift,
sprots dirl tae the lithe
tig o fingers an the air
gies new vyce.
Draps o dew
echo the soond o the tide turn

are baith ebb an wind
are the wird

o ilka
page oan yon buik
– a scrievin o traivels
a life-sang
sae-lik the eternal
sketchin o traivels

a life-sang
sae-lik the eternal

saft souch fer a saimstress
wyvin threids oan the
canvas o her bairnheid
– a tapestry o hailie wirds
weather-dookit in the storm

braith-less

the laist wird
the first unhertsome tone

nae wey tae stap it
it fleechs,
shifts an shaks,
birlin
the hert o yer saul

the butterflee siks a wey oot

flees, flees, flees

fin yer wey
ma bonny butterflee o Dunira

# Baia Sardinia

*Hamish an Katzel's Hinny-muin*

I    *'whatever comes from the sea*
    *comes to steal'*

> The walcomin north is nae mair
> than a mindin fer the
> tumblin watters. A second
> hinny-muin,
>
> in the sang an aa the enchantit weys.
>
> Sic a glimmer o derk sichts
> loupin throu the pages
> o wunnerfu spill o
>
> pouerfae thochts, compliments,
> elegies for
> the thocht-maister.
> Aince, faur awa stappit
> in time, a dreme chattert
> in the mosaic
> fae then-a-days.

Angedras, ma luve,
ye're an isle: megalithic land
wi yer undeemous saul o crag;
a stane-mither,
enlichtit be the aurora
wi its skimmerin bens
ye're fair gowstie wi yer rocklie saul
an yer derk lochs
tho fae ma een,
tae ma hert, ye're the sicht
o a sma continent.


II    Fer mair than fower millenia
ye've bin
a land o invaders fechtin
ower mony interests, ower muckle
mankit hauns robbin
yer strategic lands, mines
o leid, zinc, tin an siller
an fae this sea aroon yer edges
humfishin yer hames, cam first
the Phoenicians fae faur awa
an efter thaim thon Carthaginians
an thay Greeks, thon Etruscans,
Romans, invadit again bi
the grand maritime republics o
Pisa an Genoa.
An forby the Arabs, the Spanish
richt up tae the Piedmontese,
the Savoyards, an hinmaist
the Italians o the continent ...

a richt broth o leid, ruits an kinfolk
a wyve noo o the contentit an
the sair hertit
takin yer saul ayont the mairches...

III   noo'adays fowk are mair respeckfu
fer the sacrit temples,
the toors o seelence,
blinkin an blindin
the weird settin o this land.

The Nuraghes, physical an human lands,
a fecht agin aa the sorra o natur
o strouth, o enemies.

Toors o seelence in ilka
focal pynt o
this craggy land.

Staunin in aboot the hush
takin tent ower aa the compass pynts
afore passin oan the gaird
tae the next ane.

Skailit ower the isle, staunin alane
a thoosant toors o seelence
stane-markit, here syne
the Neolithic, afore the incomin
o yon Phoenicians.

The suithfast moniments
o scouth, o life.

IV    In-ower their bodies it
taks time tae eese
in tae the derkness, tae
the auncient eldritch still

in its stane-makit skep
wi kent black hush
ilka soon an uncanny thrait.

Shieltit and comfortit bi
the companie o the stanes
we ruise the mindins o men
wha set the toors an
forbye oor wey fins licht.

The stanes ken it aa,
They spik tae their guests.

# Wormit

*The Norlin Lichts Fae Tim Neat's Hoose*

*Guidnicht*

A hap o cloods luiks doon fae the lift
settlin oan ma kindly thochts.

Wi saft step, the river Tay eases
doon tae the muckle sea
bi mony burns lik paths tae the mou
unner the brichtest licht o the north

an wi aa the kennin o life.

Throu nicht, in aa the mirk, bi
the windae ah loss masel
tae apprise the faur lichts o
a harbour, lik a bield
fer ma inner-maist thochts.

Hingin fae this mirk-dim paintin
ah chase the sowff o nicht,
the dreme o life.

Ah follae fantastic roads
at disappear
ower the lang sheddit bens. Hoo no
tig thaim
eyven if anely fer
a wee moment?

Nae mair can ah pronoonce
the nem,
the day o the ben
lang afore ah cam here.

Ane tear-drap on the
cheek: a genteel shaw
fer the wind, bidin
fer the skreigh o day.

*Guidnicht*

Speerits o this nicht
scrievit in
time-less sang.

Ootlins rant fareweel at history
steerin awa steppin at the firsten jig.

*Wheesht*!

A lang brig o airn divvies up
yet binds the land.

Whit can ma navigation be?
Whit will ma traivels be?

Wi mindins aboot me, the guid
still hidden fae me
bi the licht o anither day
aa skeigh in its step.

Lik a bricht starn o the morn
ah imagine the streets
o the scrievit leigends.

Ah'm in a sang.
Ah'm whit ah wis
– a green bairn, innocent
tae the soond
o music born fae canny wirds.

Lanely.

*Guidnicht.*

White June rose
Ah will ye bi ma side.
Snell an douce

ye waft yer scent
unner the gaze o the muin.
In yer siller beddie

a warm wind blaws bi the firsten licht
tae the sang o the merle an
a viola sings a Haydn melody.
Jean Redpath sings Lady Nairne.

The recordin staps.

Unner this undeemous licht
o the north,
white stripes oan tap
the lift,
gless flooers
spae the edge o winter.

Ah lug intae the trappit, bairn-sodgers
in aboot mirkit reflections an
while the bells soond

sma boats ploo the watter
headin oot tae thon kent destination
in the north.

Crambo-clink an crambo-jingle
warple thegither while saft rain
taps on the windae
wi its scoorie rhythm,
fair canny

withoot a wird
the weet stane hauds
the warm air.

Bi the edge o the illusion, ah
set masel tae the movements
o the nearby room.

Ah see his face there yet,
his haun sketches sair
in chiaroscuro
oan the pages o a diary.

He draas his lines wi a weet finger,
shapes the faces
o unco fowk, he
trystit oan his traivels.

The luik an cheery smirk
wir thon o a free chiel.

Ah sneck the licht

Hush!

*Guidnicht*

# Ghilarza

*Gramsci's Hoose*

I    Laich layin hooses o the derkest reid granite,
    shale an limestane.

    Ah stop bi the door-cheek
    Ah gang in ... ah climb the stairs
    Ah wander aboot the room
    Ah luik oot the windae
    Ah luik oot at the warld, ane
    o a bairn brocht up wi naethin,
    gien naethin.

    Aa'thin fae bairn-heid
    still here ... the objecks,
    the scrievens, the schuil peenie,
    the ills, the wee white frock
    yer mither bocht an
    kept a haud o fer a lang time.
    A doctor fore-telt Nino's daith
    whan he wis yet a bairn.

    There's twa muckle stanes lik grapefruit
    tae mak yer shidders strang...a
    sair wey keepin him awa fae
    the high-jinks o his pals.

    There's aa'thin, juist aboot aa'thin.

II   In anither room
     amang scrievins an diaries
     ye sense the saul's cam hame
     aiblins nivver left.

     Ither objecks, sheddas o mindins
     an fondness tae mind his land.

     An his wonderin if they sing yet
     the sangs o the heirs o Pirisi o Bolotana
     in aboot the streets...

     if the feasts wi the cairts, flags in front
     an aa the weemin in their fantoosh frocks
     are still mairchin tae the soond o
     the launeddas, drums an street-organs

     an the kempins o bards
     scrievin yet on the isle?

     An in Sedilo, the feast o Saint Constantine
     an the feast o San Palmerio,
     o San Isidoro,
     aa thay cairts wi the flags
     o the fower Moors,
     their skippers wearin yet
     the onputtins fae Bigone's time.

An in the onweetin
o his cell, wi the mirk-nicht
fer companie, naethin hauds back
the hert, the saul – the brackin o
the seelence tae loss himsel in
an auncient, archaic sang

o mystification an fascination

mutos

      attitos

          gozos


III    They, the torturers o capital
hae set it fer
tae prevent it, tae stop oany workins
o a sherp harn
fer a daith-sentence bein eneuch
tae condemn the bodie wi
a noble sentence.

Fer Nino wis gien

20 years

      4 months

        5 days

IV    A bruckle saul lockit
in a derk cell, the
strang thocht o it
aa reivit, michtfu strippit
beaminit an shamefu.

Aa the slaw sorra
declarin the end o ilka
certainty merks the leemits
yin chiel kin mak,

an aa this sorra
trauchles mair than yon muckle trials
whaur ye hae the distinct thocht
at fae ony wa a bodie kin
enter thon cell,
enter a bodie's saul.

At ony meenit, aa'thin kin be.
Wi aa this roch wye, its sair
at naethin has ony wirth,
despiled, raped.

There's naethin mair dreich than
this wyte fer ill tae wind

fankled in its seclusion
een gawpin intae the void
wytin ... wytin fer the glory o
licht ower derk

o life ower daith
o the pooer o the harn
o the pooer o strang will
baith – ower brutality an oppression.

Ghaists o painfu mindins,
dunts an skaiths
– a frichtsome ingaun

an bi the e'enin
the fa, bilin ower wi sorra.

Naethin bides yet
a merk o sorra
oan the blank lisk
o the wa.

# Blairgowrie

*The Berryfields o Blair*

The tape recorder wis oan
aa nicht,
intil the new day's dawin
wi their bricht gliskens aboot the place.

Vyces wyvit wi the cracklin
o the lowe, a kent nod
up an awa wi new sangs, tellins
o the daily darg, hidden gems,
faeries and broonies,
ghaists, snitchers, murders,
incests, adulteries, leavins …

thon pilgrims in the rouk
wi a pittance tae get by wi yet
eident tae pitch a bender,
mak a hame in aboot the berries
tae sned wuid
fer a new lowe
– anither e'enin fer
mair tellins.

Oot in the howlin day,
they hae the leid o their kennins
they sense the air, hae a gust
fer freedom's scent an thay weemin,
thon wise champions o aa'thin,
thon queens amang the heather.

An bi nicht, luggin intae
the vyce o the bard
tellin o back then, o noo-a-days,
an whit's yet tae be kent,
luggin intae his wirds o
mystification, fleein an sperkin
amang the auncient trees
o life an ivver oan their traivels.

Aunt Mabel redds up her
gairden in Mayfield.
She sets aff her flooers alang Perth Road
yet it's akin tae
a haunfae o stoor
bi the lip oan thon road.
It's juist ayont yon fauld
whaur the wee cottar-hooses
let ye ken ye're there.

The wee toon square,
the mindin o an auld photie
a black an white image,
aa forgot, an gien ower tae sorra
wi its muckle coortyaird an
the thoosant windaes chattert noo
bi stanes, bi bairns
bi time passin – the orphanage

lik a station o loss. Ah stop
tae lug intae the vyces
atween lines in transition an
remnants o time

In ma hauns ah gaither objecks
maist unalik
an aa fu o meestery.

The foldin thegither o vyces
lifts intae a ritual chant – a fine queir
o the noo yet sits
wi oor unkent days.

Nebbin in tae their sangs
has ye aa warm-hertit an contentit
lik a bairn, barefit an sauf
in the mither's wame
an ye sense the jig, saft
wi yer taes in the yird.

Their sangs turn, wirds in sperkle
– a *cairryin stream*
traced bi lives wyvin
in an oot ower time.
Nae sae weel kent bi nem, yet
kenspeckle an far ben tae abdie.

An here forbye at hame,
close tae the hert
o unco fowk, they tak themsels,
leavin juist the sangs.
O hoo mony mindins kin they
tell while plantit in history,
yet hap us ticht
wi the wecht o time?

In this sicht, bein contentit
turns aa necessar, strippit
doon tae the banes o this turas,
nae wirds – juist masel
thinkin o her bonny een
sae green, sae green.

# Porto Palo di Capo Passero

*Allied Landin, July 1943/The Ballad of Sicily, 2015*

Stracht intae the deil's-palace wi nae mercy, tae
the mairches merkit bi necrophilic lands,
unner a bricht muin, lik a caravanserai,
shiftin ayeweys forrit.

In the derk turn o watters
oor innermaist thochts sink
wi aa the reishlin an reuken o the saul
while derkness faulds
ower this new land.

Eyven in the mirk, naethin
minds us o the toons risin arid
an crammlin alangside the mosques
– Tunis an Sousse noo faur fae oor thochts.

Amang the sweyin palms nudgit bi the sea wind,
ah inhale the scents o a new land.
In this haar, ah glisk a sicht o the lichthoose
an aa the sorrafu colours o Sicily.

Ah sense a spae lik fash.
Ah weep fer this toon clappit sair tae the crags:
a line o trees merks the new front line an
ablo, gratefu, a caul keeps us sauf.

The road is naethin mair than a gait-track;
the green limbs pokin oot as if boakit,
stracht, tall cypresses wi hooses
threedit aboot the land.

Ah'm fair takin bi the kirk oan the brae
o the ben's dauchy neb, owergangin
the glen while ilka blink o time can
bi sundoon turn suirely intae terror.

Yet ah can hae maumie figs, tak the
fine fillock tae quietlik cliffs, an loss masel
in the sun tae juist sweem an sweem.

In the caves oan the brae,
dynamite charges can be hidden,
weytin tae reap daith.

Here, wee bits o white marble,
there, a bracken cornice: bi the first
licht o day we fecht. Oor
battalion stauns ready.

Yet, their's tae.

At the first soond
we shall staun tae airms – fer noo
we rest oan this plain o drouchit burns:
alang the banks o the Simeto
ye dreme o the wappin fear
devourin aa'thin
in this immense ocean
o summer. Ye can anely weyt fer
the saft embers o the skreich o day.

The fechtin stairts up alang
the plain an the river. The licht o the
mornin coors it's heid
afore the hellish rammy o weapons,
fire, bullets, dynamite.

Etna, yon objeck o ilka kent fury
an sorra, yer hert jigs, shaks in
continuous ferment fauldin in
an aboot oor ain torments.

Mount Dittaino, river Simeto, ye can
be contentit wi the fouthie an lang
waughtin o oor bluid an the banes
o oor ain faan fechters.

Then, oan the tap o the michty Mount
oor lads hae the best o it: day
an nicht intil the last invadin.
The German airn is aa bachlt.

Ah stop in the hush, tak a braith an
mak twa bits o wuid intae a cross
oan a wee mound, noo hame
tae a bairn-sodger, noo a chiel
o this noble yird – restin eternal.

Oan the mairch agin, the patrol
o Scots proletarians, fermers, herds,
fishers, forrit tae the skirl o pipes, the beat o
drums an a slaw air *Mount Etna,* no to be forgot.

New toons alang the wey, wi fowk cheerin
declarin '*Viva Scozzessi, bravi I Scozzessi*' yet
aboot them is aa the carnage o war.
Their puirtith mirrort sair in their een.

Ithers deek oot fae balconies yet the
maist joyfu are the bairns unner the
vigilante glower o the Lords oan horseback
– no lang afore they'll ken hate an sorra:

wi bairns in airms, sobbin mithers haudin up
the bonny smiles an the cheery greetins,
dabbin awa juist fer a meenit
fae forfochen nebs the frichtsome tig o faith.

Oor lads dinnae hae the time tae tak
this in, anely stoppin fer a wee vino
in the dodgy dens weytin fer the
cadgers, the bardies an the hures.

Oan the horizon, the lichthoose shinin,
yet hoachin wi guns. The sons o the hun
wi their artillery weyt in Calabria haudin the strait
wi guns ahready smadit bluid-reid.

Cam a time tae bid fare thee weel
tae glens an shilpit wuids, nae mair hames
tae gie us a walcome or tempt
us intae a herd's bothy.

Pacin up an doon the promenade weytin
oor turn, the ferry a fair distance awa yet,
we ken their's nae turnin back; ballads an
bullets hiv oor nems, an the deil's fearfu an aa.

The guff o fuel declarin ma mirksome leavin
ahent me a starn – Fareweel tae Sicily.

Mi votu e mi rivotu
Li venneri matinu

# Karnak

*The Temple. Laughing on the World by
Hamish Henderson, 2012*

Maist likly a fancy wey o daein,
aiblins a national thanksgien – leuken til the King
as he's offerin up the orrals o Syria tae Osiris.
Nae doot he's confessin
the end o the fechtin, tae mak ceivilisation sauf.

The cheek o thon ceivilisations,
tae mak themsels oot tae be aa eternal lik.

Ay, here amang the slauchter o Karnak
there's the unkennin o the fidgetin Greeks.
Here, no lik in Ellis an Olympia will ye find
*thane sempleness an hushit majesties.*

Monie bairns hae bin an gaun
while their triumphant ship o ceivilisation
wis lairit tae the sea bed bi
a muckle ballast o magnetic daith.

There's the centre o gravity, no here yet
there alang the river makkin aa'thin possible,
the deid harlit throu daith
(lug intae the swawin o the fleetin deity,
whisperin daith) cam ower aa droosie

wi a mensefu innins tae Osirisan thon ill-hertit,
immortal companie.

Yet the jeelous desert
kep thaim at airm's length fer thoosans o years
afore haein their wey
– in the nem o Muhammad
the nomads conquert:
tho no fer the first time
it aa happent afore, fer it's the path
o heestery at confesses:
whan the herd Kings, Yaakeb an Yusef,
sair pechin wi their howe gowkiness
staunin dumfoonert in the coort o Amun
an chucked stanes at the impassive Osiris.
Naither the sparra-hawk Horus nor the clerical Thoth,
nor the indulgence oan the mou o Pharaoh
nor the capitals o lotus an papyrus.

An wha wis guiltfu o idolatry efter daith
wull maist lik fin it trappit an bindit
tae their tuim palaces. An Karnak the temple
ends up as 'byres fer nomads'.

        Stoor blawin
oan thon mirky horizon propones the urgent
comin o slavery's solution.
Thay sair cuddy-sodgers humphin
the implorit annihilation.
They are ma servants, the Assyrians, thaim's
the necessair antithesis.
Thaim's the high-heid yins o high-sniffiin blasphemy,
Gods brocht doon, cities bein flettened,
life – in daith affirmin daith – in life, severin
the umbilical cord o history.

Thaim's the shiftins o the fowk wha abuise
the Knights o Amr, the 'barbarians' o Cavafy
an Rommel afore the yetts o Alexandria.
Yet still an on in pure seelence, fae the bas-relief
an the paintit lair
this ceivilisation uphauds
its eternal proodness.

In Rilke's anely wirds at deny destiny
the synthesis is clair, the stane-mask o Fulfilment.
(Deif tae the Muslim dragons
wha wi ane muckle vyce raise him strang).

Ay, the picturs paintit oan the waa's carvit in stane,
cuidnae resent the usurper.
They glower an haud still
a meinute o raxit oot time, a transient eternity.

The Arc o the Sun traivels bi the oors o mirk
an Ra maks its noble wey forrit tae the lift.

Whit's tae happen ower this day?
Wull he fin the Vizier o the King
the time tae attend tae aa his stooshie?
Wull the joyfu lassies fecht amang the barrels o barley?
Wull a tarry-breeks tak a beatin fer his camsteerieness?

The hairst no yet gaithirt, they'll be
the penny-maisters coontin their greed
in the fairmer's office.
Wull thon tholen orra-fowk be graftin at the wall?

The fruit's oan the rise: wull the pomegranates be
    maumie
afore sendin thaim tae Thebes? Wull the roch Greeks
    disembark at Pharos?
Wull the prisoners hae the necessair towin poles
tae cairry the stanes fer the lairs?
Are the sentrices up? Maisters o the chisel, grafters
tae the michty colossus, wull they aye be true
tae the meisured carvin?
Wull the hordes o Bedouins fae the sooth mak a move?

Fer a day o festivities: wull the hinny-thrappled priests
in their dreich cassocks gang
in procession amang the sphinxes?
Enemies o the solar circle, hauders o meestery,
gairdians o the canny Amun's acquirit objecks!
Whaur will the King be? Oot oan his pleesir boat
cruisin up the Nile amang the rashes, he
taks aim wi his boomerang at a wild burd.
Wull he heid hame wi oanythin in the gem-sack?
Nae doot the coort will ken better an ruise him onyweys.

Bi the evenin he maks fer Thebes oan his chariot
wi the heraldin o monie musicians yet
fer the masses anely a veision o gods skailit wi flooers
the lash an the priestly sceptre unner the lichtit leaves o
    Sycamore.

o life
o awaurness
o lang dootfu sheddy
cast oan prood-fu temple
bi The Ither, the ower-sayin
the beardit
the murtherer in the rhythmic tragedy
the heir     the ootlin

walcome oh Hussein
as ye enter Karbala

# Anzio

*Visitin the First British Cemetery oot o Rome*
*alang Via Nettunense*

I    The snake, the snake
     maumie an langin, weytin bi
     the warm wind
     afore gien wey tae the sowff o mindins.

     Ye dinnae spot it, dinnae
     sense its aboot the place,
     the mothie braith, the lauchit o its fash.

     Ye'll no fin ony nem on mony o them. Oan ithers
     a date, the date, a listin o
     Seaforth
     Gordons
     Black Watch
     Royal Scots ...

     The stoor hae settled fer they lads
     in an aboot
     their lugs, as they fa saft
     tae the soond o the
     *Siege o Delhi.*

II    The snake fae its toor o seelence
aa canny taks in ilka mudge
o its unexpectit guests.

It disnae fash itsel:
eident fer the dancin, passin
bi it fins the hert,
kens the wirds in soonds,
it necks intae the yirdin o the saul:
sic a siftin o life gies up answers
tae unexpectit speirins.

An then

Boooooouuuuummmmm

The dunt, the faw ... an awa it gangs:
it's a memorial greetin tae the lads
whit nae mair ken o stairvin or the cauld
in rain or glaur. Nae mair tears.
Fer thay lads the darg is ower.
They weyt noo fer the Angels,
eident fer waukenin.

Ivverlastin Luve.
Ivverlastin Life.

# Sorgono

*Thochts liftit fae a poster wi roses bi Maria Lai wha bidit
a while in ma grandfowk's toon*

I     Roses rest easy oan the white canvas
sootherin, aa frush
ane efter anither
three...five...seven...

A canny haun lifts thaim
ane bi ane
sortin thaim oot oan a black shawl

the cailliach maks fer the loom
settin doon afore her ain destiny
sterts, withoot a braith
tae shew
ilka rose

tsclapp stum tsclapp stum
ane
tae the wee gait running awa
afore makkin fer hame

tsclapp stum tsclapp stum
ane
tae mouflon speerit o the nicht
in the pages o Cosima

tsclapp stum tsclapp stum
ane
tae the snoozin moggy
aa irreverent

tsclapp stum tsclapp stum
ane
tae the boar wi thocht an sicht

tsclapp stum tsclapp stum
ane
tae the gos blinkin wi its cantrip flicht
ower the siller Bens

tsclapp stum tsclapp stum
ane
tae the cairryin stream

tsclapp stum tsclapp stum
ane
tae her lanely hert

II    Aa thegither
bindin slaw
tae the mountain,

lik a whisperin o the fairies
a kennin,
a leigend
a sang
a schaw
an airt

# Murazzano

*Jazz an Resistance*

He walked towards me
wi aa the emotion yet
withoot kennin ane anither alang the passage
wi its waa's up tae the rafters wi buiks.

His een glowerin intae mine, olite
fer a tale fu o mindin, a tale
gin a puckle oors afore wis skailit
in aboot the days o his hale life.

Ah wis a willin freend tae his bygone days
lik a page o sair dunts
weytin lang in the stance
bi the path tae eternal derkness.

Fae a mirlin o wirds
the reflection o an image,
the puirest o thochts.

Mid-yokens in a trattoria wi his mither
an the frichtsome thocht aa'thin
wid sudden lik juist no be there.

Ah stappit tae tak him in
withoot luggin intae ower muckle. Ah
stertit tae scrieve fae his mou.
His years telt me mair yet, gin
nemless faces in aboot ma heid:
hoo mony lost sauls aweytin redemption.

An then his lues, his thochts, his
sorras ... aiblins the wey o a
life ca'd doon at 17 – sair un-necessair.

Mony years efter, wi a white stane
in a gairden in Murazzano, his toon
– he's no mindit.
An his faimily, his brither-bairns,
ah wunner aboot aa the paths o life,
scrievit oan his dauchy neb.

He thocht o ma traivels, he shakit
ma hame ...

yon wis the makkin o
a sign, a brickle yet no bindin
freendship an then aa sudden-lik
- the fareweel, the gaun-hame.

His by-ordinair caa o
'Jazz an Resistance'
smoors the hert.

An aa the grace,
ilka bonny note
o Duke Ellington
fludes the room.

# Balmerino

*H J W. Built for my Brother, David, OC 1st Battalion Scots Guards. Died of Wounds, Anzio, 1 March 1944 – Balmerino, 2015*

I      Whit's wi the lang-heidit seelence
       aa aboot the abbey
       wi its gust o hamecomin?

       It's odd yet ah'd nivver be here
       withoot the vyces o passion
       fae the simmer sun
       tae the sang o cicadas
       tae the back-en o cloods
       fu tae the gunnels wi watter

       Here ah am, in this place
       ah'm shuir ye've kent mony
       contentit days
       fae yer ain bairn-heid.

       Paddit doon oan this girse an chuckies
       ye'll hae fun hidie-holes an smirkit
       at aa thay gems o innocence.

       Sic bonnie companie tho in yer doolie hert
       aa'thin grows yet,
       acceptin the seasons, the waas
       are the ane's ye kent, sae the
       trees noo michty an tall as
       ye'd nivver hae thocht possible.

Noo, ah ken yer nem – David –
maist bi guid fortune, no yer face:
ye see hoo stories, wirds rin
thegither, juist a bonny sang
aiblins a melody o freends,
an aa the wurld opens up.

Thus, ah met ye, oor tryst
whaur a lairnit o yer tears,
yer ettlins an bi
the movement o yer bodie
– telt me ae thing

ah'll miss the soond o yer vyce
noo wyvit wi sair mindins
o sorra.

II    The banes o the turas
hae telt me ane thing:
yer existence haltit time. Noo, wi
yer hame-comin aa speerit, wi ken
yer story aa the better.

Naither black an white photies nor
seenil mindins wid gie ye new life.
Anely the soond – the soond o yer tunes
liftit yersel oot fae wir lanely sorra.

Bracken bi the midden o fecht
an loss in the deid-grund
whaur anely time cid mak yer wish.

Noo, ah'm haudin ye dear in the land
o yer birth, ane at has aye bin yer hame
richt fae the faur-aff stert.

An afore ah gang awa, ah
mind o the visions at gang ayont
the scrievins o then.

David, David
whit's the soond in yersel?
*The Siege o Delhi* or
*Farewell to the Creeks?*
Hoo heavy is yer braith
in *Ballad o Anzio?*

Nae mair *lament,* ah haud dear
the stanes o yer brither
liftit tae mak a hoose bi
yer precious mindin.
Ah tak warm thochts fae their banes.

Ae lastin glisk oan the wirds.

AH'M THE RESURRECTION
AN THE LIFE
SAITH THE LORD

HE AT BELIEVETH IN ME
THOUGH HE WIR DEID
YET HE SHALL LIVE

AN WHA SAE IVVER LIVETH
AN BELIEVETH IN ME
SHALL NE'ER DEE

An the braith bides oan.

# Orgosolo

*A Mense fer the Bard-Pastor Peppino Marotto*

I    See thon stanes,
they mak a braw wa...
us, bletherin aboot thaim aa day
us, luggin intae their seelence
lik wirds fae hunners o years forby
an yet ne'er tae be forgot.

Aince this land
kent freedom...as open an
free as the sea aboot it.

A land warkit thegither bi herds
an fermers: in dootsome seasons
– aye staunin as yin.

A ruesome time, maistly
a paradise tint bi
the sangs an soonds o this land
– baith cursit an eldritch.

Choral vyces bindin communities thegither
willin tae fecht aff dissenters, eyven
in the presence o thon dry-stane dykes,
mairches scrievit bi auncient lands
shiftin fae maister tae maister. If
the lift hid bin mair o the yird, they'd
hae fenced it aff tae.

No mony hae the richts o property.
Ower mony hae the richts o puirtith.
An aa thaim are herds an orra-fowk
– a stervin mass, obleigit
tae stump up wi the imposition
o the tax fer this precious land.

No mony ken, no mony mind
the times *de su connottu*.
Aince rebels – jyled, condemned
then doomed
tae hing lang fae the gibbet.

II    See aa thay paintins on waa's:
tellin the story o life oan this land
in an aye-bydent cycle – steps in time,
the faces o mony lives passin.

Ye can shut yer een an read, years
apairt – different but aa the same wi
stories atween o grand new corporations,
factories, new bosses:
new production lines, rhythms
o a sair system, zero-hour grafters
wi nae buy-in, laich costins fer thaim
laich coins fer us – a pittance
fer aa the hauden-doon.

Profit anely fer thaim
the pairish factor an the kibbuck makar
haun ye ower the reckonin
an ye dinnae ken hoo to pay the rent
or gie parritch tae yer bairns
an ower, an ower, an ower...thochts
o hoo this life is sae hellish roch.

It will aye be? Flytin the darg, emigratin
tae faur aff lands, awa fae the aye-bydent sense
o bein nae'bdie, a reiver, a cateran or a spy...

howpin ae day
tae cam hame an see this land
wi aa thay Bens,
tae admire the starnies bi nicht
tae draa a thoosant paths tae the lift.

An the weemin-fowk engagin wi hailly wirds
tae brak the shackles o fate – a wierdfu
scaurin o time.

III    Ah ken its weird tae blether aboot
aa this thru a wa yet the stanes ken,
ken it weel.

If ye gang doon yon wee path
there's a pairish bi the nem
Pratobello...

Aince, they'd hae it as a
military base...guid girse an fanks
anely fer yon tanks and cannons
tae tairget wi bombs an machine-guns.

It's telt yet hoo aa the fowk wi faimilies
alang wi collegers fae aa ower the kintra
occupied an defendit thay lands
fer days an days an...won.

Efter, they aa left fer the sea
tae fecht ither battles...an
mony o the monsters creatit bi thaim
bide there noo. An ken this, they'll no
gang awa, eyven wi the fire-stanes...

In the distance, ah lug intae the eldritch soond
o the crags cryin me. It's ma time
tae mak fer hame...
ah depairt this land o joy an sorra,
the bens o Oliena, the Ortobene
an the bonny blue crags o Gennargentu...

# Padstow

*May Day in Cornwall, 2016*

I      The flauchterin leaves o the aik
shrood the gliskens o sun, the tendrils
o this licht scatter
oan the brae-side, rinnin oot tae the bay.

Oan this whitelin saun ah can rest
easy, chasin the douce an lusty spring
gust aboot ma mou.
Ah'm in Padstow.

The drumtap o vyces herald
the stert o the Festival oan this
May mornin. It's a feast, it's a feast: abdie
up fer jiggin wi the twins, Eros an Tanatos.

*Unite and unite and let us all unite for*
*Summer is i-come-un today*
*And whether we are going we all will unite*
*In the merry morning of May.*

The tree of life is weytin while
Martin plays the *Siege o Delhi,*
sic a pure an simple magic, lowin wi passion
– a tune o hert-gled daeins an dremes.

It's magic, naethin repeatit or replenished,
aa'thin bursts oot, wi nae dreid they
hae a go at Life an Daith an vyces born free
champin at the bit tae brak oot fae thay shores.

*Under the earth I go* declares Bardie.

Fechtin intae the nicht, oan an oan
intil the skreich o day, ilka life
ready tae be born aince mair...ah gie masel
up tae this sang an stert oan my wey.

Lunis agro
Martis frittu
Mercuris crudeles

Giobia immortale
Chenabara nudda si ottenet

E, durche si Sabadu – torture su die
e gloriosa Dominiga, repose in pache

Amen

# Roma Ostiense, Testaccio

*25 April 2016*

I      Ye mind a pickle, ye rue less
yet fer a moment sweet traivellers
wid tak a deek fae passin windaes,
the dreich white fause mairble
o this station an they'd ken fer shuir
it wis aa'thin tae be seen – aa'thin.

Neb'd it aa, includin the rummle
o hooses, the Piazzale dei Partigiani plaque,
the Viale delle Cave Ardeatine up tae
the Porta di San Paolo, the Pyramid,
surroundit bi the trees of life.

Onybodie mind hoo frichtsome wis the roarin
o the plane boakin up its midden intae the lift?

An then he brocht back the picturs? Naethin,
fer naethin remains. Naethin wid gar thaim
hae thochts itherweys – yet this grun
is weyvit wi the kennins o its fowk.

Aince, their wir hidie-holes, weys o flittin,
foodstuffs, ootlyins, weel gaun fires,
sieges. Yet weirdness amang sheddas o chiels
fankled in the swurlin obleivion o the past.
Wha minds the explosions? Yon bruckle wee
human bodies scattered aboot the fields
o battles nae mair tae be seen.

Daith hingin ower thaim aa the time.

Noo-a-days ah-thin's bin forgot.

Anely nippit blethers fill the lift, tho
tae be fair, hoo cid aa this
tak tent o mony traivellers.
Nae yiss nae-sayin yon.

The grafelin joukerie o mindins
are thrieveless, railin
intae the seelence o time.

II    Her saul's aye fer movin, as ah lug intae
her vyce an the tellin o stories o traivel,
o the bardie's wirds an aa the buiks
o fushion fer the harn.

Twice a month, she's fer reddin up,
sortin aa'thin oot
tae mak this stane glimmer

an aa the aiss jiggin in the aem,
in the licht o this michty sun
as weel as in the mirk an spectral haar
o the deep nicht. In a ferment fer ivver fechtin
in the conscience o
ilka veisitor.

Tae gie tribute whit requiem
shuid a play?

Remembrances.

III    Weytin in this derk space
ye can dae naethin mair than thocht,
thocht an thocht an scrieve
page ower page
wi aa the grue aboot yer bein

    the tortuous wabs o pouer
      the wee rooms
        the nooks
          the ideological sweel:

mindins o the stickit
the narrae shidders
    malformations, betrayals, victims

an the masses lairin the dregs o their past.

Murder,
the obleigin deid
the past is archivit,
baith yer ain an
the ithers

an in the end
a bodie,
    a bodie confessit
    a bodie defaitit

aweytin cremation

IV     Speerit, immortality,
       the win blaws saft as
       sleekit cats follae'in veisitors.

       Reflections, analysis, insichts,
       nae pyntless solemn ceremonies.

       Leaves, pages, scrievins
       in a paintit meadie
       atween ettlins, sorra
       brawness and sair loss.

       Aa'thin rins alang the scaurs
       o bracken dremes, an a
       dowie-lik music wyvin aboot
       the rim o an inner conflick.

       Douce is the glimmerin licht.
       Ilka licht, ilka luik is pure thocht.
       Ane o the fowk's blithe speerit.

       The Bard, thrawn an prood,
       rests there, ship-wreckit
       bi the weather-fu warld.

       An there ye hae it – ane saul
       wha's nem wis scrievit in watter.

# Blair Atholl

*Hamish oan holiday wi Dalinka*

I     Fae the windae, in the mornin
fer ten days his gaze gangs
tae the hills. Ilka time – different,
chyngin on the brae-side lik
the pages o the buik oan
the nicht-staun.

Ilka stop a traivel mairch
thru time, tae the appyntment
ill-guidit.
Naethin pit-owert yet, if no
the meestery, the destiny loss,
the sair rue, the ghaists o back then.

Hoo mony wirds left in seelence
bi the sea an aa the holidays past.
He lugs intae the fuss, the ebb an
saft fauld ower o the watters.
The turn o tide cairryin news an
aa it aince taks it aa back. An the
shell hauds its treisure secret.

Ony spiers yet
nane wi an answer.

II   In the licht blue room
     the seelence is crystal.
     The buik tells the Aunt's tale
     ower an ower
     tae her sair hert.

     Dalinka maks tea
     luggin intae the tape, in there
     the melody warms the room
     *El Paso del Ebro*

     Ilka vyce stauns prood an sings
     – a dreme o freedom.

     Ain sings, luiken tae the chyngin brae-side
     *A las barricades*
     *Solea is awa.*

# Nuoro

*Grazia Deledda's Toon, 2012*

Lift glowerin, storm brewin,
*Su Monte* amaist thraitenin,
draa'in its saft fit-steps o time
in chiaroscuro tae the mairch.

Oan the wind, tapestries wi
gaits an cats bide yet ... wanderin
bi Santu Predu is aye a
labyrinth o mindins:
the narra vennels,
the wee yairds, the aipen doors,
the auncient coorts
wi aa their saicrets
an nivver forgotten gustens.

Ah neb the weemin in black
bauchelt ower wi the breid makkin,
bi the stokit fire o ovvens:
the reek o chimneys,
and the warm embrace o feast days.

Alang the wey, ah mind o the blethers
born in the shaddy o Spring,
the soond o the watter in May.

An expectant lass weyts fer her
hidden bairn,

a bodach luiks at *su Monte*
bi the soond o the *sonittos*
herdin aa the tups an gaits
– skailit ower the strath.

A herd gaithers new
stanes fer his *tanca*
an maks guid fer winter.

A haun-shewin cloot
maks clair whit wisnae
forby puddy-doos an sparra-hawk
flichterin aboot the ben.

A lass gaithers up her claes,
lossen hersel among the rashes,
hingin oan lik ivy tae
her sair lost luve.

The soond o bells shaks her
fae her nichtmare. Her mirkit een
beckon the comin o cloods else
a vyce sae saft wi sangs
hauds a sang sauf, then anither
then anither:

vyces gaither intae queirs

verses gaither intae storms

her saul spirals in the lift
turns intae a starn an
her destiny drifts awa
in the blue o
the lift.

> *In su mont'e Gonare*
> *cantat una sirena*
> *chi cantat nott'e die.*
>
> *In su mont'e Gonare*
> *si non mi dana tie*
> *mi trunco carchi vena*
> *e mi lasso isvenare.*

# Spittal o Glenshee

*The Hamecomin, 2015*

I    The schule o hailly wirds shuttert ticht.
Fae the windaes anely the lang-day derkens
while the corbies craw,
loupin an jiggin abuin the deid-stanes.

Fae there, atween-the-lichts he venturit
bi Ben Gulabeinn
wha's dauchy neb cockit a snoot
yet wi open airms tae aa the carnaptious,
syne wi a blinterin stretch touched the lift
wi the mortal grains o yer saul.

The fairies o Glenshee jiggit wi glee,
liftin yer hert wi aa the sangs o oor kin
tae bring ye hame laden wi a kist o riches
oan the wings o freedom's flicht.

Cam aa ye, gies a sang Hamish!
A joyfu sicht whaur vyces cam thegither.
Ah ken ye're here:

the vyce o the wind
oor ain vyce
the vyce o this Earth
the vyce o seelence
the vyce o the stanes

II     Ben Gulabeinn, a braith o life
        – wirds findin strenth, text
        blessit wi the air yer saul
        wis aye seekin.

A lichtsome speerit wyves destinies
wi meestery, mindins o freedom fer
aa the days o life – the hailly age:
renouncin, faur aback yet aye the wey forrit.

Sheddins o keppins, chyces, tellins,
graftins: a lanely life oan
the wark-road wi his wirds sauf
unner his airm, a daily darg chasin licht
at reflecks an inspires.

Wi aa its lowse verse, its forms,
its spaces fer new creations, freedom
wi a cost measurt bi its limits.

And wi luve, respeck, forgieness,
ilka horizon a kythin o kennin
lik a guid craftsman embraces
his kist o craft or the tylor
his fine claith.

Lichts turn tae waves o derkness,
sheddas in the muinlicht
– a triumph o the lown.

The seelence is the derk innocence.
There's nae sorra in the unco
buryin o the banes.

Here, the stoor o the turas
settles aince mair.

An wi yon beamin
glow ayont wirds, Hamish
fer aye oor lad o pairts
bides eternal.

# Tippermuir Books

*'If Rivers Could Sing': A Scottish River Wildlife Journey.
A Year in the Life of the River Devon as it flows through the
Counties of Perthshire, Kinross-shire & Clackmannanshire*
(Keith Broomfield, 2020) –
SHORTLISTED FOR 'FIRST BOOK' CATEGORY IN THE SALTIRE
SCOTLAND'S NATIONAL BOOK AWARDS 2021

*The Nicht Afore Christmas: the much-loved yuletide tale in Scots*
(Irene McFarlane & Rosemary Cunningham, 2020) –
SHORTLISTED FOR 'SCOTS BAIRNS BOOK OF THE YEAR' IN
THE SCOTS LANGUAGE AWARDS 2021

*A Squatter o Bairnrhymes* (Stuart Paterson, 2020) –
WINNER 'SCOTS WRITER OF THE YEAR' IN THE SCOTS
LANGUAGE AWARDS 2020

*The Tale o the Wee Mowdie that wantit tae ken wha keeched on
his heid* (Matthew Mackie, 2017) –
SHORTLISTED FOR 'SCOTS BAIRNS BOOK OF THE YEAR' IN
THE SCOTS LANGUAGE AWARDS 2021

## Titles

*Spanish Thermopylae* (2009)

*Battleground Perthshire* (2009)

*Perth: Street by Street* (2012)

*Born in Perthshire* (2012)

*In Spain with Orwell* (2013)

*Trust* (2014)

*Perth: As Others Saw Us* (2014)

*Love All* (2015)

*A Chocolate Soldier* (2016)

*The Early Photographers of Perthshire* (2016)

*Taking Detective Novels Seriously:*
*The Collected Crime Reviews of Dorothy L Sayers* (2017)

*Walking with Ghosts* (2017)

*No Fair City: Dark Tales from Perth's Past* (2017)

*The Tale o the Wee Mowdie that wantit tae ken wha*
*keeched on his heid* (2017)

*Hunters: Wee Stories from the Crescent:*
*A Reminiscence of Perth's Hunter Crescent* (2017)

*A Little Book of Carol's* (2018)

*Flipstones* (2018)

*Perth: Scott's Fair City: The Fair Maid of Perth & Sir Walter Scott*
*– A Celebration & Guided Tour* (2018)

*God, Hitler, and Lord Peter Wimsey:*
*Selected Essays, Speeches and Articles by Dorothy L Sayers* (2019)

*Perth & Kinross: A Pocket Miscellany:*
*A Companion for Visitors and Residents* (2019)

*The Piper of Tobruk: Pipe Major Robert Roy, MBE, DCM* (2019)

*The 'Gig Docter o Athole': Dr William Irvine & The Irvine*
*Memorial Hospital* (2019)

*Afore the Highlands: The Jacobites in Perth, 1715–16* (2019)

*'Where Sky and Summit Meet': Flight Over Perthshire – A History:*
*Tales of Pilots, Airfields, Aeronautical Feats, & War* (2019)

*Diverted Traffic* (2020)

*Authentic Democracy: An Ethical Justification of Anarchism* (2020)

*'If Rivers Could Sing': A Scottish River Wildlife Journey.*
*A Year in the Life of the River Devon as it flows through the*
*Counties of Perthshire, Kinross-shire & Clackmannanshire* (2020)

*A Squatter o Bairnrhymes* (2020)

*In a Sma Room Songbook: From the Poems by William Soutar* (2020)

*The Nicht Afore Christmas: the much-loved yuletide tale in Scots* (2020)

*Ice Cold Blood* (2021)

*The Perth Riverside Nursery & Beyond: A Spirit of Enterprise and Improvement* (2021)

*Fatal Duty: The Scottish Police Force to 1952: Cop Killers, Killer Cops & More* (2021)

*The Shanter Legacy: The Search for the Grey Mare's Tail* (2021)

*'Dying to Live': The Story of Grant McIntyre, Covid's Sickest Patient* (2021)

*The Black Watch and the Great War* (2021)

*Beyond the Swelkie: A Collection of Poems & Writings to Mark the Centenary of George Mackay Brown* (2021)

*Sweet F.A.* (2022)

*A War of Two Halves* (2022)

*A Scottish Wildlife Odyssey* (2022)

*In the Shadow of Piper Alpha* (2022)

*Mind the Links: Golf Memories* (2022)

*Perthshire 101: A Poetic Gazetteer* (Andy Jackson (editor), 2022)

*Walking the Antonine Wall: A Journey from East to West Scotland* (Alan Montgomery, 2022)

## Forthcoming

*William Soutar: Collected Poetry, Volume I (Published Work)* (Kirsteen McCue, Philippa Osmond-Williams and Paul S Philippou (editors), 2023)

*William Soutar: Collected Poetry, Volume II (Published Work)* (Kirsteen McCue, Philippa Osmond-Williams and Paul S Philippou (editors), 2023)

*William Soutar: Collected Poetry, Volume III (Unpublished Work)*
(Kirsteen McCue, Philippa Osmond-Williams and Paul S Philippou
(editors), 2024)

*The Whole Damn Town* (Hannah Ballantyne, 2023)

*Fat Girl, Best Friend* (Sarah Grant, 2023)

*Balkan Rhapsody* (Maria Kassimova-Moisset, translated by Iliyana
Nedkova Byrne, 2022)

*Families of Spies* (David Miller, 2023)

*The Black Watch from the Crimean War to the Second Boer War*
(Derek Patrick and Fraser Brown, 2023)

*A British Wildlife Journey* (Keith Broomfield, 2023)

*Toudai: The Japanese Lights. Walking in the steps of a Scottish
lighthouse engineer in Japan* (Iain Maloney, 2023)

*Perth City Activity Book: Exploring the Past and Present*
(Felicity Graham, 2024)

All Tippermuir Books titles are available
from bookshops and online booksellers.
They can also be purchased directly
(with free postage & packing (UK only) –
minimum charges for overseas delivery) from
www.tippermuirbooks.co.uk.

Tippermuir Books Ltd can be contacted at
mail@tippermuirbooks.co.uk

TIPPERMUIR
· BOOKS LIMITED ·